차분한 마음을 갖고 싶은 사람을 위한 책

오늘, 차분한 마음을 갖고 싶은 사람에게

어느 오후 스쳐지나는 바람이 들려주는 이야기

김주호 지음

지성과문학

오늘, 자기 감정을 차분히 조절하고 싶은 사람에게

어느 오후 스쳐지나는 바람이 들려주는 이야기

차분한 마음을 갖고 싶은 사람을 위한 책

오늘, 자기 감정을 차분히 조절하고 싶은 사람에게
어느 오후 스쳐지나는 바람이 들려주는 이야기

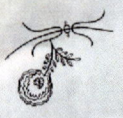

김주호

지성과문학

❀   오늘, 차분한 마음을 갖고 싶은 사람에게

1. 감성에서 타자(他者)의 역할　　　　　　　　　12
2. 감성의 지속 시간　　　　　　　　　　　　　　14
3. 경이로움　　　　　　　　　　　　　　　　　　16
4. 감성의 격류　　　　　　　　　　　　　　　　18
5. 감성 기준　　　　　　　　　　　　　　　　　20
6. 감성 준비　　　　　　　　　　　　　　　　　24
7. 감성을 위한 연습　　　　　　　　　　　　　　26
8. 치장　　　　　　　　　　　　　　　　　　　　28
9. 감성적 시야　　　　　　　　　　　　　　　　30
10. 그리움　　　　　　　　　　　　　　　　　　32
11. 호기심　　　　　　　　　　　　　　　　　　36
12. 호의　　　　　　　　　　　　　　　　　　　38
13. 친구　　　　　　　　　　　　　　　　　　　40
14. 시인들의 무덤　　　　　　　　　　　　　　　42
15. 감성적 설득법　　　　　　　　　　　　　　　44
16. 변명　　　　　　　　　　　　　　　　　　　48
17. 시기심　　　　　　　　　　　　　　　　　　50
18. 우아함　　　　　　　　　　　　　　　　　　52
19. 휴식의 유용성　　　　　　　　　　　　　　　54
20. 정신적 사기꾼　　　　　　　　　　　　　　　56

✿ 오늘, 차분한 마음을 갖고 싶은 사람에게

21. 변화에 대한 오류	60
22. 거절당한 자들의 이기심	62
23. 미소	64
24. 감성적 오류	66
25. 숭고함	68
26. 착각	72
27. 걱정	74
28. 무관심	76
29. 젊음이 잘 할 수 없는 것들	78
30. 우정	80
31. 변심	84
32. 역설	86
33. 함께 휴식할 수 있는 자	88
34. 모방	90
35. 고립	92
36. 정다움	94

오늘, 자기 감정을 차분히 조절하고 싶은 사람에게

어느 오후 스쳐지나는 바람이 들려주는 이야기

1. 감성에서의 타자(他者)의 역할

인간 일반은 어떤 감정을 느낄 때
그 감정의 근원이 타자(他者)에게 있다고 생각한다.
하지만, 잘 생각해보면
모든 감정은 자신으로부터 기원하고
이미 자신이 보유하고 있던 자신의 표출임이 드러난다.
단지 타자(他者)는
그것을 작용시키는 작용자의 역할을 할 뿐이다.

그러므로 자신의 감정이 극도로 고조되었다 하더라도
타인에 대하여 그렇게 큰 비중을 둘 필요는 없다.
자신 이외에는 그 누구도
자신의 감정을 변화시킬 힘을 갖지 못하기 때문이다.

오늘, 자기 감정을 차분히 조절하고 싶은 사람에게

✎ 타자(他者)와 다투는 과정에서 타자(他者)에게 분노를 느꼈을 때 그 분노의 원인의 대부분이 타자(他者)에 있다고 생각하는 것은 오해이다. 보통 분노하는 자들 본인이 대부분의 원인을 가지고 있다. 왜냐하면, 분노란 자신의 약점과 아픈 곳이 드러남에 따라 그것을 감추기 위한 위장 전술이기 때문이다. 그러므로 자신이 화를 자주 낸다거나, 쉽게 분노하면 그만큼 자신이 부족함을 인식해야 한다. 화와 분노를 줄이기 위해서는 사유와 연습 이외에는 다른 방법이 없다.

어느 오후 스쳐지나는 바람이 들려주는 이야기

2. 감성의 지속 시간

인간 감성은 지속 시간이 그렇게 길지 못하다.
왜냐하면, 동일한 감성을 유지하기 위해서는
다른 모든 감성들을 억압하는 노력이 필요한데
이에는 많은 힘의 소모가 뒤따르기 때문이다.

그러므로 감성은 스스로 유지되는 것이 아니라
감성 주체에 의하여 의도된 노력에 의해 기억 유지되는 것이다.
감성은 그 기억의 정도에 따라 그 존속 기간이 결정된다.
깊은 사랑도 절망적 슬픔도 그렇게 예외는 아니다.

오늘, 자기 감정을 차분히 조절하고 싶은 사람에게

자신을 숭고한 상태로 유지할 수 있는 자가 [진정한 강자]라는 것에는 의심의 여지가 없다. 그런데 어느 누구도 쉽게 그것을 유지하기 어렵다. 정제되지 않은 정보들을 쉽게 볼 수 있게 된 것과 그것을 이용해 돈을 벌려는 자들의 천박한 유혹은 우리 젊은 자들을 쉽게 굴복시키기 때문이다. 굴복당한 그들은 어둠 속 유령과도 같이 그들 주변의 고귀한 자들을 유혹하거나, 유혹에 넘어오지 않으면 비난하고 공격한다. 숭고한 감성을 유지하기가 더욱 어려워지고 있다.

어느 오후 스쳐지나는 바람이 들려주는 이야기

3. 경이로움

우리의 감성은 반드시 그 원인을 가진다.
그러므로 감성은 그 원인이 동일할 때에는
대부분 유사한 감성을 일으키는 것은 어느 정도 사실이다.
그런데 동일한 감성의 재현을 원할 때
문제는 완전히 동일한 원인을 재현하는 것이 불가능하다는 것이다.
그러므로 극히 예외적 경우를 제외하고는
동일 감성의 재현은 기대하지 않는 것이 좋다.
우리는 과거 감성의 재현에 너무 힘을 쏟아
현재의 새로운 감성의 창조를 게을리해서는 안 된다.
당연한 이야기지만 그렇지 않다고 하는 사람도 있겠지만
기억 속의 감성과 현재의 감성의 가치는 크게 다르지 않다.
시간적 동질성은 감성의 동질성으로부터 기원한다.

그러므로 애석하게도
어느 한 번의 감성은 우리의 삶 속에서 두 번 다시 재현될 수 없다.
우리의 삶은 계곡의 상류로부터 흐르는 물과 같이
끊임없는 경이로운 순간의 연속이다.
목숨이 끝나가는 때의 경이로운 순간도
16살 어린 시절의 경이로움과 크게 다르지 않다.
그리고 그리하도록 삶을 천천히 걸어 가면 된다.

어느 오후 스쳐지나는 바람이 들려주는 이야기

오늘, 자기 감정을 차분히 조절하고 싶은 사람에게

↬ 젊은 자들은 자신의 일이 나이 든 자의 일보다 좀 더 의미 있는 결과를 가져올 것이라고 기대한다. 좀 더 어린 시절에 깨우쳐야 하는 오해이다. 죽음을 오래 남겨두지 않은 지혜롭고 아름다운 자의 관조적 사유(思惟)는 젊은 자가 머리를 들 수 없을 정도로 눈부시다. 문제는 이 사실을 젊은 자는 잘 모를뿐더러, 그 사유의 주인공 자신도 잘 모른다는 것이다.

어느 오후 스쳐지나는 바람이 들려주는 이야기

4. 감성의 격류

자신의 감성이 삶을 압도할 때
그 감성의 역류 속에 자신을 맡기는 것도 좋은 방법이다.
단, 그 감성을 느끼는 것은 바로 자신이며
자신의 삶은
감성으로서만 구성되지는 않는다는 것을 잊지 않는다면.

자신이 감성의 격류 속에 있을 때
거울을 보는 것은 매우 유익하다.

오늘, 자기 감정을 차분히 조절하고 싶은 사람에게

↝ 거울 속의 나는 약자이거나 또는 강자이다. 그러나 실제 [나] 존재는 약자도 강자도 아니다. 자신이 강자라고 생각되면 거울을 보고 그렇지 않음을 인식하고, 자신이 약자라고 생각되면 거울을 보고 그렇지 않음을 인식할 수 있으면 좋다. [거울을 보고 있는 나]는 [거울 속에 비친 나]와 다르게, 순수하고 욕심 없고 모든 사람들과 함께 즐거워할 수 있는 존재이다. 거울을 보면서 외면적 모습뿐 아니라 약자와 강자를 초월한 숨어 있는 그 무엇을 문득 볼 수 있기를. 어떠한 감정의 격류도 이 존재를 보는 순간 평온해진다.

어느 오후 스쳐지나는 바람이 들려주는 이야기

5. 감성 기준

우리 인간 일반은 자신의 삶 속에서
변하지 않는 자신의 기준을 하나쯤 가지는 것이 필요하다.
이 기준은 자신을 유지해줄 뿐 아니라
자신의 변화된 모습을 알려주기 때문이다.
자신에게서 이와 같은 기준이 발견되지 않으면
자신 이외의 자에게서라도 그것을 발견하고
자신의 기준으로 하는 것도 좋다.
물론 때로는 위험한 방법이긴 하지만.

예를 들면 [가을, 노란 은행잎에서 항상 즐거움을 느끼는 것]은
유익한 감성 기준이다.

오늘, 자기 감정을 차분히 조절하고 싶은 사람에게

↷ 우리는 변화하는가. 젊은 시절의 존재와 노년의 존재는 다른가. 변화한다면 무엇이 변화하는가, 변화하지 않는다면 무엇이 변화하지 않는가. 이때, 감성 기준은 그 답을 해 준다. 만일 이 기준이 바뀌지 않았다면 자신은 별로 바뀐 것이 없다고 안심해도 된다. 아마도 어느 정도 철든 이후의 자신은 죽음이 의식을 잃게 하기 전까지 그렇게 변하지 않을지도 모른다. 얼굴에 주름이 생기더라도 거리낌 없이 삶을 즐기면 된다. [가슴 뛰는 젊음은 감성에 의해 결정된다.] 자신을 공연히 나이 든 약자로 만들지 말라.

어느 오후 스쳐지나는 바람이 들려주는 이야기

화가 날 때 거울을 보는 것은 꽤 유익한 방법이다.

내면의 소리   1. 감성에서 타자(他者)의 역할 / 2. 감성의 지속 시간 / 3. 경이로움
4. 감성의 격류 / 5. 감성 기준

6. 감성 준비

인간의 감성은 준비 기간이 너무 길어지면 그 강도는 약해진다.
그러므로 감성이 완성되면
그 감성을 실행하는 데까지 너무 시간을 끌어서는 안 된다.
그렇지만, 준비 기간이 너무 짧은 급작스런 감성 생성의 경우도
많은 경우 그 힘이 약하다.
왜냐하면, 감성은 새롭게 창조되는 것에 의한 영향이 크지만
의도적으로 천천히 준비되어 만들어지는 것도
새롭게 창조된 감성만큼이나 영향력이 적지 않기 때문이다.

스스로 만들어 가는 감성이
새롭게 창조된 감성을 충분히 변형시킬 수 있다.
자신의 감성을 소중히 하려 한다면 이 모두를 고려할 일이다.
아침에 떠오르는 해와 산바람과 함께
매일을 새롭게 시작하도록 마음을 항상 열어 두기를.

오늘, 자기 감정을 차분히 조절하고 싶은 사람에게

감성은 어느 순간 창조되는 것보다 그것을 만들어 감에 의해 커지는 경우가 더 많다. 천재적 작곡가가 자신의 음악을 만들 때와 비슷하다. 자신이 무언가 일을 시작할 때 잊지 말아야 할 사항이다. 계속된 간절함은 반드시 길을 열어 준다. 약자(弱者)도 간절함만 있으면 더 이상 걱정 없다.

어느 오후 스쳐지나는 바람이 들려주는 이야기

7. 감성을 위한 연습

감성 또한 연습에 의해 그 창조성이 증대된다.
시인들은 시를 쓰기 전에
자신의 감성을 위한 연습을 충분히 해야 한다.
이 연습이 부족하면 시를 쓰는 것은 고통스러운 과정으로 느껴진다.

그러므로 시를 쓰는 데 고뇌의 과정을 필요로 하는 시인들은
즉시 펜을 놓고 감성 연습을 다시 시작해야 한다.
항상, 마음만 먹으면 언제나
시적 감성을 가질 수 있다고 생각해서는 안 된다.

오늘, 자기 감정을 차분히 조절하고 싶은 사람에게

∾ 감성은 우리를 아름답게 한다. 이성적이고 이익을 위한 삶의 투쟁을 평온하게 바꾸어 주기 때문이다. 감성은 무엇인가 추구하는 삶에서 지금 가지고 있는 것을 따뜻하게 바라보는 마음을 선물한다. 다시 이야기하지만, 강자와 약자의 구분은 미래를 걱정하는 이성의 세계에서이다. 감성의 세계에서는 그런 것 모두 필요 없다. 감성은 현재이다.

어느 오후 스쳐지나는 바람이 들려주는 이야기

8. 치장

일반적으로, 젊은 여성은
자신을 보아주는 대상이 있어야 자신을 치장한다.
당연한 일이다.
아니, 사실, 이러한 특성은 여성적인 것이 아니라 인간적인 것이다.
오히려 남성의 경우가 더욱 강렬할지 모르겠다.
물론, 치장의 대상이 약간은 다르겠지만.
그런데 자신을 보아주는 대상이 없는데도
자신을 치장하는 자도 있기는 하다.
그는 위대한 정신의 소유자이거나 또는 어리석은 자이다.
많은 사람이 사실, 자신을 보아주는 사람은 별로 없는데
자신을 치장하는데 바쁘다.
그런데 그렇게 많은 사람이 모두 위대한 정신의 소유자일 리는 없다.

우리는 왜 치장하는가.
치장은 최선을 다해 자신을 가꾸는 것인가.
최선을 다해 타자(他者)를 기만하려는 것인가.

오늘, 자기 감정을 차분히 조절하고 싶은 사람에게

치장은 자신을 과장되게 보이게 하여 타자에게 호감을 얻으려는 행위이다. 그러므로 치장은 기만을 목적으로 한다. 그런데 아쉽게도 외면적인 것에 제한된다. 자신의 내면 모습은 아무리 치장하려 해도 바로 발각된다. 이것은 외면적 치장이 어려운 약자에게는 매우 다행한 일이다. 약자도 걱정 없다.

어느 오후 스쳐지나는 바람이 들려주는 이야기

오늘, 자기 감정을 차분히 조절하고 싶은 사람에게

9. 감성적 시야 (視野)

인간의 외형적 성취 뒤에는 반드시 잃어버린 것이 있다.
이때, 안타까운 것은 대부분의 경우
잃어버린 것이 성취한 것보다 많다는 것이다.
그러므로 자신의 외형적 성취 목표를 포기하는 것이
훨씬 자신에게 유익한 경우가 많다.
외형적 목표를 포기하면 삶은 새롭게 변화되고
자신을 향한 새로운 삶의 방향과 진실이 눈에 다가온다.
이때가 첫 번째 정상이다.

낮은 정상이더라도 일단 올라야 주위를 조망할 수 있다.
언젠가는 반드시 알게 되는 이 사실을 알기 위해
보통, 생의 대부분이 걸리는 경우가 많다.
비극적 착각이다.

어느 오후 스쳐지나는 바람이 들려주는 이야기

오늘, 자기 감정을 차분히 조절하고 싶은 사람에게

∿ 외형적 성취를 위한 삶이 아닌, 자신 내면 감성을 실현하기 위한 삶을 사는 것이 훨씬 유익하다. 외형적 성취는 적을지 모르지만, 그의 시간 속에는 그의 감성적 향기와 흔적이 남아 그를 항상 즐겁게 하기 때문이다. 차가운 종이 조각들을 모으려고 삶의 대부분을 허비하는 것보다는 그것을 반쯤 아니 대부분 포기하고 따뜻한 감성 추억들을 조금이라도 더 만드는 것이 좋다.

어느 오후 스쳐지나는 바람이 들려주는 이야기

10. 그리움

누군가가 그리워지는 것은
그 사람이 그리운 것보다는 그
와 함께한 즐거운 시간에 대한 기억들이 그리운 경우가 많다.
그러므로 우리의 망각에 의해 즐거운 기억들이 사라져가면,
너무 오랫동안 만나지 않았던 친구에게서
이제 그렇게 큰 즐거움이 느껴지지 않을 것이다.

즐거운 기억들이 잊혀지지 않도록
어느 정도 기간 후에는 사람들을 다시 만나
기억을 되살리는 것이 자신과 친구들 모두를 위해 좋다.

오늘, 자기 감정을 차분히 조절하고 싶은 사람에게

누구나 자기중심적이다. 타자(他者)에 대한 그리움조차 사실 그와 함께한 자신의 즐거움에 대한 그리움과 혼동된다. 좀 더 근원적으로 생각해 보면 [우리가 원하는 것은 타자(他者)인가 타자(他者)를 통한 즐거움인가]라는 질문의 답도 확실치 않다. 그러므로 자신이 타자에게 소중히 기억되기를 원한다면 그와 즐거운 기억들을 많이 만들어 놓아야 한다. 물론 앞으로도 같이 만들어 갈 것이라는 생각이 들도록 함과 동시에. 확실한 것은 그가 아무리 강자 또는 약자라 하더라도 타자(他者)는 그것과 무관하게 자신을 감성적으로 즐겁게 해 주는 자를 그리워한다는 것이다. 보통 [거짓 강자]는 타자(他者)를 감성적으로 즐겁게 해 주기 어렵다.

어느 오후 스쳐지나는 바람이 들려주는 이야기

자기감정을 차분히 조절하고 싶은 사람은 '감성을 위한 연습'을 시작해야 한다. 구슬을 만들듯이

 내면의 소리 6. 감성 준비 / 7. 감성을 위한 연습 / 8. 치장 / 9. 감성적 시야 / 10. 그리움

11. 호기심

사람들이 소설에 열중하는 것은 인간이 가진 호기심 때문이다.
그러므로 소설작가들은 페이지를 넘기기 직전마다
호기심을 자극하도록 책을 쓴다면
독자들이 책을 다 읽기 전에
책에서 눈을 떼지 못하게도 할 수 있을 것 같다. 그런 능력을 가진 작가는 별로 없는 것 같지만.
작가들은 그렇게 생각하지 않을 수도 있지만

현대 소설의 판매 부수는 인간 호기심의 자극 정도에 따라 결정된다.
책 전체를 통해
인간의 가치 발견과 삶의 진실성을 나타내고자 하는 의도를 가지면
독자로부터 외면당한다. 이는 독자의 책임이 아니라 작가의 책임이다.
이는 사람의 감성적 호기심과 거리가 멀기 때문이다.
하지만 완벽한 조화로서 양자택일의 강제성을 벗어난
위대한 책을 우리는 끝까지 기다릴 것이다.
그와 같은 사람과 함께.

오늘, 자기 감정을 차분히 조절하고 싶은 사람에게

인간의 기본적 욕구 중 하나는 [알고 싶은 욕망]이다. 그것은 그 지식에 의해 [좀 더 안전한 미래]를 확보할 수 있을 것이라는 본능적 행동이다. 그런데 이 본능과 또 다른 알고 싶은 욕망이 존재하는데 그것은 [새로운 세계로의 탐험심]이다. 이는 안전한 미래와 상관없이 우리를 자극한다. 그것은 안전한 미래가 아닌 [위험하고 새로운 미래]이다. 좀 시간을 두고 보면 안전한 미래라고 볼 수도 있다. 보통 강자는 전자를, 약자는 후자를 선택하기 마련이다. 그러므로 독자층을 두껍게 가져가려면, 작가들은 두 가지 호기심을 적절히 섞는 것이 좋다.

어느 오후 스쳐지나는 바람이 들려주는 이야기

12. 호의

사람들이 자신을 좋아할 때
자신의 모든 것을 좋아한다고 생각해서는 안 된다.
사람들이 자신을 좋아하는 것은 자신의 극히 일부분뿐이다.
이것을 알고 그 이상 욕심내지 않는 것이 좋다.

그 반대도 내가 누군가를 좋아하는 것도 마찬가지.
다시 말하지만, 그 이상 기대하지 말 일이다.

오늘, 자기 감정을 차분히 조절하고 싶은 사람에게

보통 마음이 상하는 것은 자신과 호의를 나눈 사람들과의 관계에서이다. 그렇지 않은 사람들의 문제에 대해서는 냉소와 조소로 웃어넘긴다. 호의를 나눈 사람들은 서로 오해를 하는데 그것은 타자(他者)가 자신의 많은 부분에서 호의를 느꼈을 것이라고 착각하는 것이다. 운이 나쁜 어느 날, 우리가 좋지 않은 모습만을 보이게 되면 위태로운 호의는 사라질 것이다. 우리는 그의 불호의(不好意)에 대한 이유를 알지 못하고 당황하게 된다. 오랫동안 타자(他者)와 호의를 유지하려면 타자가 무엇에 호의를 느끼는지에 대한 주의 깊은 관찰과 그에 상응하는 행동을 보여 주어야 한다. 사람들과 좋은 관계를 유지하는 것은 어려운 일이다. 좋았던 관계가 오래가지 않는 이유는 자신이나 그가 서로 호의를 가진 부분이 상대적으로 적기 때문이다.

어느 오후 스쳐지나는 바람이 들려주는 이야기

13. 친구

사람들이 자신 이외의 者로부터 자랑스러움을 느끼는 것은
그 자(者)가 자신을 대신 나타내준다고 생각하기 때문이다.
만일, 그렇지 않으면 감정은 복잡해진다.
이로써, 친구는 어렵지 않게 선별된다.
친구는 자신의 공통된 감정과 목표와 마음을
과거에 함께 가지고 있었던 자이다.
현재는 그렇게 중요하지 않다.
친구로부터 자신을 본다.
만일 그렇지 않다면,
일단 그가 친구인지 다시 한 번 생각해 볼 일이다.
나의 오랜 친구, 그들은 나를 통해 그들을 나타낸다.
나 또한 그들에게서 나를 본다.
그들은 내 친구가 되려 하지 않아도
나는 기꺼이 그들의 친구가 된다.

자신의 길을 자신 있게 걷다 보면 그리고 시간이 지나면
내가 누군가의 친구가 되 주지 않아도
나를 기꺼이 친구로 생각하는 사람들이 분명 있을 것이다.

오늘, 자기 감정을 차분히 조절하고 싶은 사람에게

친구의 판단 기준은 그가 [강자이거나 약자이거나 상관없음]이다. 이것에 위배 된다면 일단 그는 친구라기보다는 거래자이다. 우리는 원시 시대부터 친구를 통해 자신의 안전을 지켜 왔다. 자신이 마음대로 할 수 있는 약자나 자신을 지켜 줄 것 같은 힘 있는 강자는 모두 우리를 배반해 왔다. [약자나 강자]를 초월한 자 친구 만이 우리를 지켜 줄 것이다.

어느 오후 스쳐지나는 바람이 들려주는 이야기

14. 시인들의 무덤

비(雨)가 올 때 조금 우울하다면,
아마도 어떤 심리적 요인이 있을 것이다.
비 오는 날 즐거운 추억을 가진 者는
비(雨)를 절대로 눈물과 비교하지 않는다.
인간 감성의 철학적 또는 심리학적 요인은
많은 부분에서 감성적 요인을 압도하기도 한다.

그러므로 예술가는 철학을 반드시 공부해야 한다.
그곳에 들어가기 위해서가 아니라,
그곳에 들어가지 않기 위해.
마음의 현상학적 철학적 세계는
더 이상 아름다움을 찾기 힘든 시인들의 도피처이다.
그러나 그곳은 그들의 무덤이다.
그들이 철학의 거칠고 바람 부는
황량한 곳에서 더 이상 머물지 말기를 바랄 뿐이다.

어느 오후 스쳐지나는 바람이 들려주는 이야기

오늘, 자기 감정을 차분히 조절하고 싶은 사람에게

각자 살기 편한 곳에서 사는 것이 좋다. 그렇지 않으면 약자의 운명을 벗어나기 어렵다. 따뜻한 지역에서 사는 식물의 씨가 추운 지방에서 싹이 트면 그 나무는 날씨에 적응하는데 많은 시간이 필요하다. 그러므로 자신을 [진정한 강자]로 만들려고 한다면 자신의 감성적 기질을 파악하는 것이 우선이다. 자신에게 따뜻한 지역이 어울리면 가능한 그곳에 머무르는 것이 좋다. 하지만 이미 싹 터버려 이동할 수 없을 때에는 힘들지만, 잠시 동안 필사적으로 삶에 투쟁해야 한다. 일단 생존에 성공하면 해가 갈수록 더욱 강해질 수도 있다.

어느 오후 스쳐지나는 바람이 들려주는 이야기

15. 감성적 설득법

사람은 타인의 긍정을 통해
자기 생각을 정당화하기도 하지만
타인의 부정을 반(反)하기 위해
자기 생각을 더욱 고집스럽게 정당화하려는 경우도 많다.

그러므로 한 사람의 생각이 잘못됐다고 생각되었을 때
그 사람을 설득하기 위해서는
그 사람의 생각에 대하여 반론을 이야기하는 것보다
긍정도 부정도 하지 않는 것이 좀 더 유익하다.
그러면 그는 자기 생각을
정당화하는 방법 타인의 긍정 또는 부정 을 찾지 못해
오래지 않아 자기 생각을 바꾸는 경우가 많다.

오늘, 자기 감정을 차분히 조절하고 싶은 사람에게

↬ 타자(他者)의 부정은 자신을 자극한다. 아무렇지도 않았던 사실이 왜곡되고 크게 다가온다. 이는 우리 각자 모두 자신의 내면 정신적 능력은 누구보다도 뛰어날 것이라는 막연한 자긍심 때문이다. 실제로는 물론 뛰어날 수도 있지만 기대 이하일 수도 있다. 그런데 이 착각은 매우 심각해서 우리 역사상 위대한 지성, 철학자들의 이야기조차 조소한다. 이렇게 자신이 타자(他者)의 말을 부정하고 무시하는 습관이 있다면, 자신은 오래지 않아 회복하기 어려운 약자의 위치에 서 있을 것이다. 자신을 향상 시킬 수 있는 기회를 가지지 못하기 때문이다.

어느 오후 스쳐지나는 바람이 들려주는 이야기

자기감정을 차분히 조절하고 싶다면, 쓸데없는 자존감부터 부숴버리는 것이 좋다.

내면의 소리　11. 호기심 / 12. 호의 / 13. 친구 / 14. 시인들의 무덤 / 15. 감성적 설득법

16. 변명

내일의 추억을 위해 오늘을 준비하는 자는
훌륭한 과거를 가지겠지만, 오늘은 항상 보잘것없다.
그러므로 훌륭한 과거를 가진 자(者)는
대부분 현재가 부족했던 자(者)인 경우가 많다.
물론 과거, 현재, 미래가 모두 부족한 자(者)보다는 낫겠지만.
우리 대부분 인간은 내일을 위해 오늘을 희생했음에도 불구하고
자신은 항상 현재에 최선을 다했다고 생각하고 싶어한다.
누군가가 [현재에 최선을 다하라.]는 말을 했고,
이 말이 사람들에게 꽤 그럴듯해 보였던 것 같다.

그러므로 자신이 [내일의 추억(과거)을 위해 오늘을 살아가는지]
 [오늘의 감성(현재)을 위해 오늘을 살아가는지]는
깊이 생각해 볼 필요가 있다.
갑자기 변하기는 어렵겠지만
자신의 삶을 조금씩 후자로 변화시키는 것이
자꾸 변명하는 것보다 현명한 일이다.

어느 오후 스쳐지나는 바람이 들려주는 이야기

오늘, 자기 감정을 차분히 조절하고 싶은 사람에게

↜ [현재에 최선을 다하는 것]의 의미가 현재를 즐기라는 것인지 미래를 위해 현재를 희생하라는 것인지 누구도 가르쳐 주지 않는다. 그들도 모르기 때문이다. 보통 [현재를 즐기면 미래가 없고 미래를 준비하면 현재가 보잘것없다.]라고 생각한다. 그러나 이것은 음모이다. 시간이 조금 걸리더라도 이 음모자들을 추방하는 것이 우리 철학자들의 목표 중 하나이다. 그리고 그것이 우리를 약자의 관념으로부터 벗어나게 해 줄 것이다. 현재를 즐기면서 미래도 가지는 것을 독점하고 싶은 자들을 우리 삶과 세계로부터 추방해야 한다.

어느 오후 스쳐지나는 바람이 들려주는 이야기

17. 시기심

사람은 타인으로부터 이상적 모습을 보고
질투나 시기의 감정을 느끼는 것이 아니라
그것을 즐기거나 드물지만 존경을 표현하기도 한다.
물론, 이것은 자신이 절대로
이룰 수 없다고 생각되는 경우에만 해당된다.

하지만 우리는 자신이 노력하면
성취할 수 있다고 생각되는 것에 대하여는
즉시 질투나 시기심이 드러난다.
그런데 사람들은 아주 많은 것에 대하여
자신이 성취할 수 있다고 생각하는 것 같다.

오늘, 자기 감정을 차분히 조절하고 싶은 사람에게

시기나 질투는 상대적 거짓 강자들의 오래된 개인적 습관이다. 즉, 이는 자신의 것일 수도 있는 것이 타인의 손에 들어갔을 때의 아쉬움에 대한 표현이다. 상대적 약자들은 그들의 비이상적 소유욕을 주의하는 것이 좋다. 약자들이 좀 더 안전하게 강자가 되기 위해서는 취향에 맞지는 않겠지만 어느 정도 은둔의 시간이 필요한 이유이다. 일단 [진정한 강자]로 인식되면 시기와 질투의 대상이 될 위험성은 많이 줄어든다.

어느 오후 스쳐지나는 바람이 들려주는 이야기

18. 우아함

우리 인간은 이상적인 모습을 기억해두었다가
자신도 동일하게 행동하고 싶어한다.
물론 아주 자연스러운 자신의 모습인 것으로 가장해야 하지만.
그 모습은 순수하고 천진스런 웃음을 자아내게 한다.
우아하고 세련되기 위해서는 기억력이 가장 중요한 요소이다.

모방이 아닌 자신만의 모습과 태도를 보이면
보통 그 모습이 독특해 어색해 보인다.
이런 사람들을 만나는 것은 자신의 삶에 있어 큰 행운이다.
세상 전체가 모방을 강요하니 그 억압을 벗어나기는 쉽지 않다.

오늘, 자기 감정을 차분히 조절하고 싶은 사람에게

↱ 우아함을 알아보는 사람이 거의 없기 때문에 이제 우아하게 되는 것은 생각보다 쉬워졌다. 우아하게 보이는 자들을 흉내 내면 되기 때문이다. 그들은 좀 싫어하겠지만 우아함을 모방하는 자를 구분하는 방법은 어렵지 않다. 모방자들은 어디서 본 듯한 표정, 어디서 들은 듯한 말투, 어디서 맡은 듯한 냄새 그리고 어디서 들은 듯한 감동적인 이야기를 들려준다. 이들은 모방 말고는 우아하게 되는 방법을 알지 못하기 때문이다. 실제로 우아한 자는 항상 독특하고 처음 보는 듯한 모습을 보인다. 이것만 알면, 누구나 쉽게 구분 가능하다.

어느 오후 스쳐지나는 바람이 들려주는 이야기

오늘, 자기 감정을 차분히 조절하고 싶은 사람에게

19. 휴식의 유용성

휴식이 주는 최대의 효과는 인간의 감성을 부드럽게 한다는 것이다.
공격적인 자들은 대부분 잠이 부족한 자들이다.
육체적 질병이 휴식을 통해 치유되듯
대부분의 정신적 질병 또한 휴식을 통해 치유된다.
물론, 진정한 휴식은 육체적 휴식보다는
편안한 마음으로부터 오는 마음의 휴식이다.

그러므로 인간 일반은 모든 걱정, 근심을 잊고
편안해지는 자신만의 방법을 하나쯤 가지는 것이
육체의 치유약과 같이 중요하다.
그 방법은 스스로 찾아야 한다.
이 페이지를 넘기기 전에.

어느 오후 스쳐지나는 바람이 들려주는 이야기

오늘, 자기 감정을 차분히 조절하고 싶은 사람에게

↝ [마음 휴식]의 방법은 개인적 취향에 따라 달라진다. 영화를 보거나 책을 읽거나 친구를 만나거나 한가로운 산책을 하거나. 마음 휴식은 결국 불안 긴장에 의한 정신적 압박을 해소하는 것이다. 그러나 불안적 요소가 남아 있는 채, 의도적 회피에 의해 불안이 해소될 것인지는 의문이다. 결국, 마음 휴식은 불안을 완화시키는 것이 핵심이다. 두려움의 극복, 지옥을 눈앞에서 보고도 두려워하지 않는 평정심. 우리는 불안을 완화시키는 방법을 찾는다. 약한 동물은 떼를 이룸으로써 맹수의 공격으로부터 조금은 안심한다. 우리는 그럴 수는 없지 않은가. 그래도 우리를 이끌었던 위대한 철학자들에게 굳이 공통된 방법을 말하라고 요구한다면, 그들은 거의 공통적으로 [우리가 구(求)하는 것을 조금 줄이거나 늦추는 삶의 계획을 휴식하면서 다시 세우라.]고 이야기할 것이다.

어느 오후 스쳐지나는 바람이 들려주는 이야기

20. 정신적 사기꾼

누군가에 의해 한 사람에 대한 호의(好意)가 당분간 지속되면
그 사람은 그 누군가에게 호의의 감정을 갖지 않을 수 없다.
이것을 가장 잘 이용하는 자들이 사기꾼들이다.
그러므로 예부터 현명한 자들은
자신의 길에 동행시키기 전에 그들을 시험해본 것 같다.
그러나 유능한 사기꾼에게 그 시험은 큰 문제가 되지 않는다.
그러므로 이들을 판별하는 방법을 알아둘 필요가 있는데
그것은 그들은 자신들이 자연스럽게 보이기 위해
반드시 상식에 맞는 행동만을 한다는 것이다.

우리가 더욱 주의해야 할 사기꾼은 정신적 사기꾼들이다.
문제는 명망 있는 자들도
자신이 거짓말을 하고 있다는 사실조차 모르고
타자(他者)에게 [거짓 진리]의 말을 하고 있는 경우가 적지 않음이다.
이를 바로 잡지 않으면 오래지 않아 사람들은
[참과 거짓의 미로] 속으로 빠져들어 헤어 나오지 못할 것이다.

오늘, 자기 감정을 차분히 조절하고 싶은 사람에게

사기꾼은 타자(他者)를 기만하여 자신의 이익을 취하는 자를 말한다. 정도의 차이는 있겠지만, 우리 중 사기꾼이 아닌 자가 있겠는가. 자신의 소박한 의식주를 해결하기 위한 것 이외의 것을 얻어 부(富)를 축적하고 있다면 그들은 모두 사기꾼이다. 더 이익을 낮추어 타자에게 돌아가야 하는 이익을 늘렸어야 하기 때문이다. 그러나 사기꾼들이 많은 것은 그들만의 탓이라기보다는 분배를 제대로 하지 못하는 정의롭지 못한 비정상적 자본주의 국가 탓인 경우가 더 많다.

어느 오후 스쳐지나는 바람이 들려주는 이야기

휴식이 주는 최대 효용은 감성을 부드럽게 해준다는 것이다.

내면의 소리 16. 변명 / 17. 시기심 / 18. 우아함 / 19. 휴식의 유용성 / 20. 정신적 사기꾼

21. 변화에 대한 오류

사람은 자신의 변화만큼만
다른 사람도 변화했을 것으로 판단한다.
하지만 이 생각은 이솝 우화를 읽을 시절에
이미 깨우쳐야 하는 오류이다.

이 오류가 사람에 대한 많은 오해를 불러일으킨다.
어느 순간, 사람은 존경할 만한 자가 되어 있을 수도 있지만
경멸의 대상이 되어 있을 수도 있다.

오늘, 자기 감정을 차분히 조절하고 싶은 사람에게

﹌ 한 번 자신이 최고인 것을 경험한 자는 언제나 자신이 최고인 듯한 착각에 빠지기 쉽다. 그러므로 특히 어린 학창 시절 뛰어난 성적을 보였던 자들은 이에 대한 극복이 쉽지 않다. 그들은 보통 타자(他者)를 존중하지 않으며 이로써 우리 삶 대부분의 문제를 일으키는 [골칫덩어리]가 되기 쉽다. 이와 같은 [골칫덩어리]를 만들지 않기 위해서는 서열을 매기는 교육을 폐기해야 한다. 이와 함께 권력은 분배되어야 하고 최대한 다수에 의해 순환되어야 한다. 권력이 그 의미를 잃도록. 약자와 강자의 구분이 없도록.

어느 오후 스쳐지나는 바람이 들려주는 이야기

오늘, 자기 감정을 차분히 조절하고 싶은 사람에게

22. 거절당한 자의 이기심

사람은 모두, 다른 사람들이 자신을 위해
조금은 희생을 해도 괜찮을 거라고 생각하는 경우가 많다.
왜냐하면, 자신도 조금은 다른 사람을 위해
희생을 감수한다고 생각하기 때문이다.
그런데 일반적으로 자신이 희생하는 부분보다
희생을 요구하는 부분이 큰 것이 문제이다.
물론 보통, 본인은 그 반대로 생각하지만.

사람은 희생을 요구한 것이 거절당하게 되면
거절한 자를 굉장한 이기주의자로 생각한다.
하지만 거절당할 정도의 희생을 요구한 자야말로
심각한 이기주의자인 경우가 훨씬 더 많다.

어느 오후 스쳐지나는 바람이 들려주는 이야기

인간의 이기심은 끝이 없다. [자신의 부탁을 어떻게 거절하는가]라고 하면서 마음속으로 화를 낸다. 자신이 베푼 것을 기억해 내면서. 그런데 문제는 상대방은 베풂을 받았다고 생각하지 않는다는 것이다. 보통, 우리는 호의를 베풀었다고 생각할지도 모르지만, 그들은 자신이 요구하지 않았던 호의에 대해서 그렇게 고마워해야 할 이유가 없다고 생각한다. 자신이 그만한 가치가 있어 자신과의 관계를 위해 그들이 자의적으로 해 준 것으로 밖에는 생각하지 않기 때문이다. 타자(他者)에게 호의를 베풀 때는 자신이 좋아하고 자신에게 중요한 것이 아니라 타자(他者)가 중요하다고 생각하는 것을 해 주어야 한다. 그렇다 하더라도 그들에게 감사를 받기는 쉽지 않다. 물론, 자신이 [진정한 강자] 매우 드문 경우지만 라면, 베풂에 대하여 아무것도 바라지 않는 것이 가장 마음 편하고 최선이다.

23. 미소

우리가 진정으로 즐거운 것은
소리 내어 웃을 때보다 소리 없이 미소 지을 때인 경우가 많다.
소리 내어 웃은 경우는 다른 사람에 의한 경우가 많고
자신으로부터 즐거움을 느낄 때는 웃음에 소리가 나지 않는다.
웃을 때 소리가 나면 그 소리가 끝나는 순간 즐거움도 사라진다.

그러므로 소리 내어 웃게 해주는 친구들보다
미소 짓게 하는 친구들이 훨씬 더 소중하다.
자신도 타자(他者)에게 미소 짓게 하는 친구가 되는 것이 좋다.

오늘, 자기 감정을 차분히 조절하고 싶은 사람에게

소리 내어 웃는 것은 건강과 사람들과의 관계에 좋다. 미소는 자신과의 관계에 좋다. 미소는 자신을 고양시키고 삶에 대한 자신감을 회복시킨다. 우리는 정말로 원하는 것을 얻었을 때 조용히 자신에게 미소를 보낸다. 이는 자신의 수고에 대한 고마움의 표시이다. 그러므로 의도적으로 가끔 자신에게 미소를 보내는 것은 의미 있는 행동이다. 이는 내가 또 다른 존재 [나]를 만나는 통로이기도 하다. 슬픔을 견디고 있는 나에게도 동일하게 적용된다.

어느 오후 스쳐지나는 바람이 들려주는 이야기

24. 감성적 오류

별들이 그 밝기가 다른 것은 별 자체의 밝기와 그 거리 때문이다.
그러나 시력이 좋지 않은 자는
작고 희미한 별들은 보이지 않고 밝은 별만 보인다고 할 것이다.
그에게는 아무리 다른 별들과 새로운 공간에 대해
설명해도 소용 없다.
지혜로운 자라면 더 이상 말하지 않거나
안경을 선물하는 것이 좋을 것이다.

타자(他者)의 감성적 오류를 설득하지 못하는 것은
자신의 주장이 틀렸거나
그것을 잘 전달해 이해시킬 능력이 부족하기 때문이다.
어떠한 경우든 자신의 잘못이며 능력 부족이다.
다른 사람 탓할 것 없다.
잊지 말 일이다.

오늘, 자기 감정을 차분히 조절하고 싶은 사람에게

타자(他者)를 탓하는 자들은 보통 능력이 부족한 자들이다. [거짓 강자]와 [정치가]는 보통 타자(他者)를 탓한다. 감성적 오류에 빠져 있는 자들은 그들 나름대로 이유를 가지고 있다. 그것을 이해시킬 수 없으면 그들이나 그들의 오류를 지적하는 자나 별로 다를 바 없다. [어떠한 경우에도] 그리고 [그럼에도 불구하고] 타자(他者)를 설득시키고 이해시키는 자만이 [약자 그리고 강자]의 경계를 벗어날 수 있다.

어느 오후 스쳐지나는 바람이 들려주는 이야기

25. 숭고함

위대한 자들은 역경을 극복하고 그 속에서 밝게 빛난다.
하지만 우리는 이것을 아이들의 교육용으로만 사용할 뿐
사실, 자신은 마음 속으로 그들의 행운을 부러워한다.
자신의 실패가 어쩔 수 없는 상황이었다고 생각하지 않으면
쉽게 잠들 수 없기 때문이다.

하지만, 쓸모없는 자들이 위대한 것처럼 오해되고 있는 것도
이와 같은 [위대함에 대한 혼란과 오류]의 주요 원인이기는 하다.

오늘, 자기 감정을 차분히 조절하고 싶은 사람에게

타자(他者)를 존중하지 못하는 것은 사회 정신병적 증상이다. 존경할 만하다고 생각하는 사람들이 우리를 계속 실망시키기 때문이다. 우리가 목표로 하는 삶을 살고 있는 자들 대부분이 [거짓 강자]였고 앞으로도 크게 좋아질 것 같지 않다. 그래도 가끔은 숭고한 자들이 우리를 기쁘게 하기도 한다. 그들은 [강자]도 [약자]도 아닌 [숭고한 자]이다. 그러나 [숭고한 자]는 강자와 약자 모두에게 저격당할 수 있어 보통 숨어 지낸다. 자신이 숭고함을 가지고 있다면 조심해야 한다.

어느 오후 스쳐지나는 바람이 들려주는 이야기

내면의 소리   21. 변화에 대한 오류 / 22. 거절당한 자들의 이기심 / 23. 미소
24. 감성적 오류 / 25. 숭고함

26. 착각

사람이 누군가를 비방함으로써 얻는 최대의 이점은
자신은 절대로 그 비방의 대상이 아니라는 것을
여러 사람으로부터 인정받는 것이다.
이 쾌감은 의외로 커서 사람은 비방거리를 찾는 데 매우 열심이다.

그러나 유감스럽게도 이야기를 듣는 상대방이
자신을 그 비방의 대상으로 보지 않을 것으로 생각하는 것은
어리석고 위험한 착각이다.

어느 오후 스쳐지나는 바람이 들려주는 이야기

오늘, 자기 감정을 차분히 조절하고 싶은 사람에게

✎ 다수의 사람들이 자신의 의견과 비슷한 목소리를 낸다고 해서 그들이 모두 자기편이라고 생각해서는 안 된다. 머릿속으로는 모두 다른 생각을 하고 있기 때문이다. 다수는 항상 강자의 위치에 있으므로 그 강자에 맞추는 것일 뿐이다. 다수가 흩어지고 나면 그들 다수 의견은 고려(考慮)의 대상이 아니다. 이는 다수의 경우뿐 아니라 단둘의 경우도 크게 다를 바 없다. 특히 타자(他者)를 비방할 때 잊지 말 일이다. 그들에 의해 곧 자신이 비방의 대상이 될 것이다.

어느 오후 스쳐지나는 바람이 들려주는 이야기

27. 걱정

인간 감성의 중요한 오류 중 하나는
기쁨의 반대는 슬픔이고, 걱정의 반대는 안심이고
사랑의 반대는 미움이라고 생각하는
반대 감정의 개념이다.
이는 대립 감정과 혼동 되어서는 안 된다.
사랑과 미움의 두 대립 감정은
서로 그들끼리 대립될 뿐 그 원점은 동일하다.
반대 감정이란 자신의 존재 너머를 의미한다.
이는 [반의지]의 세계로 정의하고 통합사유철학강의 사유해야 한다.

모든 감정의 반대 개념은 없다.
단지 무감정의 원점만이 존재할 뿐이다.
모든 감정은 독립적이다.

오늘, 자기 감정을 차분히 조절하고 싶은 사람에게

우리의 감성은 보통 섞여 있다. 기쁨과 슬픔, 사랑과 미움이 섞여 사람마다 독특한 감성 지도를 창조한다. 완전한 기쁨, 완전한 사랑은 인간의 영역이 아니다. 특히 시간을 고려한다면. 괜한 기대는 하지 않는 것이 좋다. 우리 인간의 경우, 기쁨과 사랑 속에서도 불안의 요소는 항상 존재한다. 그러나 걱정 없다. 기쁨과 사랑이 죽음의 순간까지 우리와 함께할 것이다. 우리가 원하기만 한다면. 그러나 기이하게도, 우리가 원하지 않는다는 것이 문제다.

어느 오후 스쳐지나는 바람이 들려주는 이야기

28. 무관심

누군가가 열심히 자기의 생각을 이야기할 때의 모습을 보면
굉장히 자신의 생각에 대해 자랑스럽게 생각하는 것 같다.
그런데 거의 대부분의 경우,
그 말을 듣는 사람의 태도는 의외로 무관심한 경우가 많다.
이 모습을 우연이 옆에서 보면 누구나 웃음이 날 것이다.

그러므로 너무 열심히 자신의 생각을 이야기할 필요는 없다.
자신이 열심일수록, 일반적으로 물론 그렇지 않은 경우도 있지만
상대방의 무관심 강도는 커진다.
이는 사람 사이의 관계에서도 크게 다르지 않다.

오늘, 자기 감정을 차분히 조절하고 싶은 사람에게

우리는 과연 타자(他者)에게 관심이 있는 것인가. 우리에게 특별한 어떤 사람 몇몇을 제외하고 타자에게 관심을 가지는 일은 거의 없는 것 같다. 왜냐하면, 나에게 미치는 영향이 별로 없기 때문이다. 그러므로 누군가의 관심을 받고 싶으면 오랫동안 숙고하여 그가 원하는 것을 줄 수 있는 준비를 하는 것이 그의 관심을 끌 수 있는 유일한 방법이다. 사람이 원하는 것은 매우 다양하기 때문에 기회는 충분히 있다. 너무 서두를 필요 없다.

어느 오후 스쳐지나는 바람이 들려주는 이야기

29. 젊음이 잘 할 수 없는 것들

나이가 들수록 아름다울 수 있는 유일한 방법은
아름다운 것의 본질을 알아내어 그에 따라 행동하는 것이다.
이를 위해서는 아름다움에 대하여 깊이 사유하는 것이 필요하다.
그런데 나이가 들면서 사람은
아름다움이 자신과 잘 어울리지 않는다고 생각하고
그것을 자신으로부터 추방시킨다.

진정으로 아름다운 자는
아름다운 것을 타자(他者)에게 나누어 주는 자이다.
젊은 사람은 쉽게 아름다움을 나누어주지 못하는데
그것은 아름다움이 무엇인지 아는 데 많은 시간이 걸리기 때문이다.

젊은 시절, 가장 우선해서 공부해야 할 것은
아름다운 선인(先人)들로부터 그들의 [업적]이 아니라
그들의 [아름다움]을 배우는 것이다.

오늘, 자기 감정을 차분히 조절하고 싶은 사람에게

↷ 우리 삶의 중요한 오류 몇 가지 중 하나가 [인간 아름다움의 기준 나이]이다. 이제 우리는 그 기준을 청년으로부터 우리의 모든 순간으로 바꾼다. 노년이 무엇이 문제인가. 얼굴에 주름이 있는가. 머리가 희게 바뀌었는가. 안색이 어두운가. 병으로 약해졌는가. 세월을 머금은 거목과 같이, 주름 가득한 모습을 우리의 아름다움으로 바꾸지 않겠는가. 이를 위해서는 계절을 많이 겪은 나이테가 꽤 있는 사람들 스스로 자신을 아름답게 가꾸어야 한다. 20대의 젊은 자들도 자신을 꾸미는 데 열중일 때 비로소 아름답다. 아름다움은 가꾸는 자의 것이다.

어느 오후 스쳐지나는 바람이 들려주는 이야기

30. 우정

사람의 만족은 대부분 자기 최면인 경우가 많다.
그러나 이 최면이 깨지는 데는 그렇게 오랜 시간이 걸리지 않는다.
이것은 사람 사이의 관계에도 동일하게 적용되어
그들과의 관계에 악영향을 미친다.

하지만 우리는 바로 이때를 놓쳐서는 안 된다.
왜냐하면, 최면이 깨진 상태에서의 타인에 대한 이해야말로
그들과 영원한 친밀감을 부여하기 때문이다.

사람은 의외로 까다로워서
신들조차 그들을 완벽하게 만족시킬 수 없다.
하지만 편안함을 준다면 이야기는 다르다.

오늘, 자기 감정을 차분히 조절하고 싶은 사람에게

○ 타자(他者)에 대한 호의가 지속되는 시간은 의외로 짧다. 우리 모두 단점들을 가지고 있기 때문이다. 처음에 이 단점들이 드러나지 않는 이유는 다분히 의도적 은폐에 의한 경우가 많다. 그러나 조금만 같이 지내는 시간이 길어지면 은폐는 불가능해진다. 자신을 은폐해서 얻는 이익이 점차 줄어들기 때문이다. 이렇게 상대에게서 얻을 이익이 별로 없는 상태가 되어야 비로소 인간관계의 시작이다. 이때부터는 이익이 배제된 존재의 가치만이 서로를 유지시킨다. 이때는 이익의 흐름으로부터 발생되는 약자와 강자의 관계도 무관하다. 이 때 발견되는 매력만이 타자(他者)의 마음 속에서 오랫동안 지속될 수 있다.

어느 오후 스쳐지나는 바람이 들려주는 이야기

우울의 원인은 자기 것으로 타인에게 해줄 것이 없다는 무력감이다. 오해고 착각이다.

내면의소리   26. 착각 / 27. 걱정 / 28. 무관심 / 29. 젊음이 잘 할 수 없는 것들 / 30. 우정

31. 변심

인간의 감성은 아침과 저녁이 다르다.
이것은 절대로 잊어서는 안 되는 중요 사실이다.
그리고 오랫동안 깊이 사유해야 알 수 있는 사실이다.

감성을 너무 믿지 않는 것이 좋지만,
그 믿을 수 없는 변덕스러움이 우리 삶을 아름답게 한다.

오늘, 자기 감정을 차분히 조절하고 싶은 사람에게

♪ 우리의 변덕스러움은 당연한 결과이다. 우리는 매일 변화하고 성장한다. 만일 변덕스럽지 않다면 흐르는 계곡 물과 같은 깨끗한 상태를 유지하지 못할 것이다. 그러므로 우리는 상대의 변덕스러움에 대응하여야 하고 이를 위해서 그만큼 우리도 변해야 한다. 변화가 우리에게 영향을 미치는 요소가 개인마다 조금 차이가 있을 수 있지만 그것은 그렇게 중요하지 않다. 물론 비정상적 개인적 취향에 따른 독선적 변화를 보이는 자들과는 중요한 일을 같이해서는 안 된다. 보통 강자가 약자보다 좀 더 변덕스럽다고 생각하는데 이것은 오해이다. 둘은 비슷하다. 아니, 같다.

어느 오후 스쳐지나는 바람이 들려주는 이야기

32. 역설

사람은 상대방에게 어떤 사람을 의도적으로 칭찬할 때
상대방을 무시하려는 의도를 가질 때가 있다.
이런 의도가 엿보이면 같이 칭찬하기도 비난하기도 어렵다.
이때, 현명한 자는 그 의도를 가진 자의 눈을 보고 웃으면 된다.
이로써, 의도가 간파되었음을 알리는 것이다.
보통 이 의도가 간파되면 즉시 칭찬을 멈춘다.

의도를 가지고 갑작스러운 태도 변화를 보이는 자와는
가깝게 지내지 않는 것이 좋다.

오늘, 자기 감정을 차분히 조절하고 싶은 사람에게

ᶇ 변덕스럽지 않은 항상 같은 모습과 태도를 보이는 자가 주위에 있다면 그를 놓치지 않는 것이 좋다. [변화에 대하여 긴장하지 않아도 됨]만으로도 마음이 편안해지기 때문이다. 그와의 한나절 여행은 무엇보다도 소중한 일이다. 일반적으로 강자라고 생각되는 자로부터는 [일관성]은 잘 발견되지 않는다. 우리가 이와 같은 편안한 자가 되기 위해서는 항상 타자(他者)에 대한 배려를 잊지 않도록 해야 한다. 이와 같은 자들은 보통 약자로 보인다.

어느 오후 스쳐지나는 바람이 들려주는 이야기

오늘, 자기 감정을 차분히 조절하고 싶은 사람에게

33. 함께 휴식할 수 있는 자

삶의 목적에 휴식이 포함될 만큼 휴식은 중요하다.
그러나 무엇이 휴식인지 아는 사람은 많지 않다.
육체적 피로는 수면을 통해 많은 부분 해소되지만,
정신적 피폐함은 쉽게 해소되지 않는다.
이를 위해서는 자신을 끊임없이 괴롭히는
번뇌와 집착을 놓아야 하고,
자신의 존재를 차분히 그리고 평화롭게 바라보아야(觀照) 한다.
이때, 함께 휴식할 수 있는 자(者)를 만나는 것은 굉장한 행운이다.
그런 사람을 만나면 자신의 모든 것을 쏟아 부을 것.
하지만 그 감정은 사랑과는 거리가 멀다.
오해 말 것.

사랑은 타인과 공유되지 않는 욕망을 근원으로 한다.
사랑은 우리 인간 일반을 절대로 휴식하게 할 수 없다.
사랑하는 사람과 있을 때 편안함을 느낀다고 하는 말은
그 본질을 알지 못하는 자들의 궤변(詭辯)이고 허위(虛僞)이다.
편안함은 사랑받는 것에서 전제될 뿐.
사랑받음이 무너지면 모든 편안함도 함께 무너진다.
사랑에서 너무 많은 것을 기대하지 않는 것이 좋다.

어느 오후 스쳐지나는 바람이 들려주는 이야기

오늘, 자기 감정을 차분히 조절하고 싶은 사람에게

사랑하는 자가 마음까지 편하게 해 줄 것이라는 기대는 하지 않는 것이 좋다. 그 기대 때문에 사랑을 잃을 수도 있다. 처음 사랑을 시작할 때는 절대로 그런 기대는 하지 않았을 것이다. 사랑이 식는 이유는 우리의 기억력이 나쁜 것도 큰 이유이다.

어느 오후 스쳐지나는 바람이 들려주는 이야기

34. 모방

 우리의 삶 속에서 항상
경쾌함과 즐거움을 주는 자가 드물게 눈에 띈다.
우리는 그를 보는 것만으로도 무엇인가 힘을 얻는 듯하다.
그러나 그는 그것을 의도한 것은 아니지만
경쾌함과 즐거움을 주기 위해
끊임없는 고통의 순간을 극복하고 있다는 것을 잊어서는 안 된다.

이들을 단지 흉내 내는 자로부터는
기분 나쁜 음울함만 느껴질 뿐이다.

함부로 흉내 내어서는 안 된다.
음울함은 어느 경우에는 잘 드러나지는 않는다.
흉내 내는 자의 판별은 자신의 몫이다.

어느 오후 스쳐지나는 바람이 들려주는 이야기

오늘, 자기 감정을 차분히 조절하고 싶은 사람에게

～ 흉내 내는 자로부터는 아무것도 매력적인 것이 발견되지 않는다. 원래 자신의 것이 아니었기 때문에 자신의 몸에 맞지 않기 때문이다. 아무리 세련된 디자인과 색상의 옷이라 하더라도 몸에 맞지 않아 크거나 작으면 매력적이지 않은 것과 같은 이치이다. 그러므로 조금 디자인과 색상이 떨어지더라도 모방하지 않은 자신의 몸에 맞는 행동과 태도를 가져야 한다. 좀 더 좋은 디자인과 색상의 옷은 몸에 맞춘 후 나중에 입으면 된다.

어느 오후 스쳐지나는 바람이 들려주는 이야기

오늘, 자기 감정을 차분히 조절하고 싶은 사람에게

35. 고립

누구에게나 다정스럽게 느껴지기를 원하지 않는 것이 좋다.
동일한 미소를 띠는데도
어떤 사람들은 비웃는 것으로 생각하기 때문이다.
서로 잘 맞지 않는 사람에게서는
가능한 한, 멀리 떨어지는 것이 서로를 위해 유익하다.
그들도 그들 나름대로 부류가 있을 것이기 때문에
그들의 고립을 걱정할 필요는 물론 없다.

그러므로 한 사람이 자신과 맞지 않는다고 생각되면
그 사람의 친구와도 이야기를 시작하지 않는 것이 좋다.
그러나 이와 같이 자신과 다른 사람의 부류가 있다는 것이
오히려 우리에게 서로 큰 만족감을 주는 것은 사실이다.
그리고 한 가지 더 이야기하면
실제 어떤 부류의 인간이 더 훌륭한 지는 아직 알 수 없다.

어느 오후 스쳐지나는 바람이 들려주는 이야기

오늘, 자기 감정을 차분히 조절하고 싶은 사람에게

보통 자신은 옳고 상대방은 그르다고 생각하는 것이 당연하다. 그런데 아주 많은 경우 아니 대부분의 경우 실제로는 그 확률은 반반이다. 다툼이 있을 때 자신이 옳다고 확신하는 오류는 범하지 않는 것이 좋다. 고립감은 다수의 자가 자신과 다르다고 생각될 때 느끼는 감정이다. 그런데 이때는 둘 사이의 다툼과 달리 보통 다수가 옳다고 생각한다. 그래서 의기소침해진다. 그러나 이 경우도 둘 사이 다툼의 경우와 같이 그 다수가 옳다고 생각할 필요는 없다. 현대 사회에서는 어리석음, 군중 심리 그리고 금전적 목적을 위하여 다수의 생각은 얼마든지 조작 가능하기 때문이다. 정신 바짝 차리지 않으면 욕심 많은 자들 때문에 자신을 고립된 약자로 생각할 수도 있다.

어느 오후 스쳐지나는 바람이 들려주는 이야기

36. 정다움

사람들이 있는 곳은 항상 정다움이 있다.
삶이 혼란스러워도 정다움은 우리를 항상 즐겁게 한다.

삶을 불평하는 자들은 대부분
그 불평의 원인을 해결하려는 데 나태한 자들이 많기 때문에
우리는 그 불평을 그대로 받아들여서는 안 된다.
삶은 몇 가지 예외를 제외하면 불평을 받을 만큼 그렇게 불공정하지 않다.

어느 오후 스쳐지나는 바람이 들려주는 이야기

오늘, 자기 감정을 차분히 조절하고 싶은 사람에게

↝ 강자들은 [삶은 공평하다.] 생각하고 약자들은 그렇지 않다고 생각하기 쉽다. 하지만 이는 어떤 일부분의 경우에서만이다. 정다움, 따뜻함, 즐거움, 평온함, 자유로움, 두근거림, 호기심, 그리움, 이 모든 감성에 있어서는 절대로 우리 삶은 그렇게 불공평하지 않다. 약자들 그리고 강자들, 우리 모두는 그렇게 다르지 않은 감성적 삶을 살고 있음을 잊어서는 안 된다.

어느 오후 스쳐지나는 바람이 들려주는 이야기

나를 이해하고 좋아하는 사람은 분명히 있다.
죽을 때까지 포기하지 말고 나를 향상하면 된다.
우울해할 필요 없다.

내면의소리   31. 변심 / 32. 역설 / 33. 함께 휴식할 수 있는 자
34. 모방 / 35. 고립 / 36. 정다움

오늘, 차분한 마음을 갖고 싶은 사람에게

즐거운 여름밤 서늘한 바람이 알려주는 것들

✿ 오늘, 차분한 마음을 갖고 싶은 사람에게

1. 감성에서 타자(他者)의 역할　　　　　　　　12
2. 감성의 지속 시간　　　　　　　　　　　　　14
3. 경이로움　　　　　　　　　　　　　　　　　16
4. 감성의 격류　　　　　　　　　　　　　　　　18
5. 감성 기준　　　　　　　　　　　　　　　　　20
6. 감성 준비　　　　　　　　　　　　　　　　　24
7. 감성을 위한 연습　　　　　　　　　　　　　26
8. 치장　　　　　　　　　　　　　　　　　　　28
9. 감성적 시야　　　　　　　　　　　　　　　　30
10. 그리움　　　　　　　　　　　　　　　　　　32
11. 호기심　　　　　　　　　　　　　　　　　　36
12. 호의　　　　　　　　　　　　　　　　　　　38
13. 친구　　　　　　　　　　　　　　　　　　　40
14. 시인들의 무덤　　　　　　　　　　　　　　42
15. 감성적 설득법　　　　　　　　　　　　　　44
16. 변명　　　　　　　　　　　　　　　　　　　48
17. 시기심　　　　　　　　　　　　　　　　　　50
18. 우아함　　　　　　　　　　　　　　　　　　52
19. 휴식의 유용성　　　　　　　　　　　　　　54
20. 정신적 사기꾼　　　　　　　　　　　　　　56

✿　오늘, 차분한 마음을 갖고 싶은 사람에게

21. 변화에 대한 오류　　　　　　　　　　　　　60
22. 거절당한 자들의 이기심　　　　　　　　　　62
23. 미소　　　　　　　　　　　　　　　　　　　64
24. 감성적 오류　　　　　　　　　　　　　　　66
25. 숭고함　　　　　　　　　　　　　　　　　　68
26. 착각　　　　　　　　　　　　　　　　　　　72
27. 걱정　　　　　　　　　　　　　　　　　　　74
28. 무관심　　　　　　　　　　　　　　　　　　76
29. 젊음이 잘 할 수 없는 것들　　　　　　　　　78
30. 우정　　　　　　　　　　　　　　　　　　　80
31. 변심　　　　　　　　　　　　　　　　　　　84
32. 역설　　　　　　　　　　　　　　　　　　　86
33. 함께 휴식할 수 있는 자　　　　　　　　　　88
34. 모방　　　　　　　　　　　　　　　　　　　90
35. 고립　　　　　　　　　　　　　　　　　　　92
36. 정다움　　　　　　　　　　　　　　　　　　94

삶은 몇 가지 예외를 제외하면 불평을 받을 만큼 그렇게 불공정하지 않다.

사람의 감성은 아침저녁 다르다.

이는 우리를 혼란스럽고 화나게 한다.

하지만 그 변덕스러움이 삶을 가슴 뛰고 풍요롭게 한다.

함께 놀 수 있는 자를 만나는 것은

행운이고

함께 일할 수 있는 자를 만나는 것은

커다란 행운이며

함께 휴식할 수 있는 자를 만나는 것은

굉장한 행운이다.

어느 오후 스쳐지나는 바람이 들려주는 이야기

1

오늘, 사랑에 빠져 가슴 설레는 사람에게
어느 오후 스쳐지나는 바람이 들려주는 이야기

1. 사랑의 진정한 가치는 무엇인가   2. 사랑은 열정적이어야 하는가
3. 사랑의 묘약은 어디에 있는가   4. 사랑은 진리를 달성하게 하는가
5. 비밀은 사랑을 깨뜨리는가   6. 사랑은 공유하는 것인가
7. 사랑은 오랫동안 지속될 수 있는가   8. 사랑의 기술은 무엇인가
9. 사랑은 조건이 필요 없는가   10. 사랑은 아름다워야 하는가
11. 사랑은 주는 것인가   12. 사랑은 어떤 향기가 나는가
13. 사랑은 시간과 함께 쇠퇴하는가   14. 사랑을 위한 주의사항은 무엇인가
15. 사랑은 그렇게 즐거운 것인가   16. 사랑의 제 1 규칙은 무엇인가
17. 사랑은 징표를 남기는가   18. 사랑은 편안한 것인가
19. 사랑은 희생을 전제로 하는가   20. 사랑은 감성인가 이성인가

2

오늘, 자신이 자유롭지 못하다고 생각하는 사람에게
어느 오후 스쳐지나는 바람이 들려주는 이야기

1. 우리는 진정으로 자유로울 수 있는가   2. 자유는 투쟁하여 얻을 수 있는 것인가
3. 자유를 위해 필요한 것은 무엇인가   4. 우리는 정말 자유에 도달할 수 있는가
5. 자유로워 지려고 하는 이유는 무엇인가   6. 자유란 무엇인가
7. 자유를 위한 희생양은 누구인가   8. 우리는 자유롭고 또 편안할 수 있는가
9. 자유는 어디까지 해줄 수 있는가   10. 우리는 언제 자유로운가
11. 자유로울 수 있는 조건은 무엇인가   12. 자유로운 시기는 언제인가
13. 우리는 자유에 대하여 무엇을 배우는가   14. 우리는 항상 자유로울 수 있는가
15. 이제, 자유의 억압 시대는 지나갔는가   16. 자유는 무엇을 주는가
17. 자유에 도달하는 비밀의 문은 있는가   18. 우리는 자유를 누릴만한가
19. 자유, 우리가 부끄러워해야 할 것은 무엇인가   20. 우리, 정말 자유를 원하는가

3

오늘, 세상의 부정의와 부도덕에 눈물짓는 사람에게
어느 오후 스쳐지나는 바람이 들려주는 이야기

1. 정의는 누구를 위해 존재하는가 2. 정의는 무엇을 할 수 있는가
3. 우리는 정말로 정의롭게 될 수 있는가 4. 정의란 무엇인가
5. 정의는 항상 우리 편인가 6. 정의는 악인가 선인가
7. 정의와 법 중 어느 것이 우선인가 8. 정의는 아직 살아 있는가
9. 정의는 변명될 수 있는가 10. 누가 게으른 정의를 깨우겠는가
11. 도덕이 우리에게 도움이 되는가 12. 우리는 도덕적인가, 어리석은가
13. 우리는 도덕을 지켜야 하는가 14. 우리는 도덕적으로 성숙한가
15. 힘 있는 자들은 왜 도덕적이지 않은가 16. 도덕은 어떻게 탄생되는가
17. 우리는 누구에게 도덕을 배우는가 18. 우리에게 도덕을 가르칠 수 있는 자가 있는가
19. 우리 교육은 도덕을 제대로 가르치고 있는가 20. 도덕 교육은 언제가 좋은가

4

오늘, 자신의 무력함에 좌절하는 사람에게
어느 오후 스쳐지나는 바람이 들려주는 이야기

1. 국가는 나를 보호하는가 2. 우리는 국가를 믿을 수 있는가
3. 우리는 국가를 위해 희생해야 하는가 4. 국가는 이대로 참을 만한가
5. 국가는 배반하지 않는가 6. 국가는 우리의 평등을 지켜줄 것인가
7. 국가를 이용할 것인가, 변화시킬 것인가 8. 권력은 왜 초라한가
9. 권력은 우리에게 무엇을 주는가 - 1 10. 권력은 우리에게 무엇을 주는가 - 2
11. 권력자는 뛰어난 자인가, 사기꾼인가 12. 우리는 조금 다른 권력자가 될 수 있는가
13. 우리는 권력 상태에 도달할 수 있는가 14. 부는 어디까지 윤리적인가
15. 부의 소유권은 누가 가지는가 16. 부와 빈곤의 적절한 차이는 어느 정도인가
17. 부는 선인가 악인가 18. 우리가 추구하는 것은 명예를 위한 명예는 아닌가
19. 명예에는 어떤 업적이 필요한가 20. 명예를 위해 사는가, 명예롭게 사는가

5

오늘 갑자기 신이 원망스러운 사람에게
어느 오후 스쳐지나는 바람이 들려주는 이야기

1. 신은 우리에게 꼭 필요한가   2. 신은 우리에게 무엇을 주는가
3. 신은 자비로울 필요가 있는가   4. 신에게 모든 것을 맡기면 되는가
5. 신은 평등을 원하는가   6. 신은 항상 우리를 돌보고 있는가
7. 신이 원하는 것은 무엇인가   8. 신은 이미 죽었는가
9. 신은 정말로 공평한가   10. 신은 우리를 사랑하는가
11. 신이 있는데 왜 모두 선하게 되지 않는가   12. 신은 악한 자를 정말 용서하는가
13. 신은 약자 편인가, 강자 편인가   14. 신은 우리를 위로해 주는가
15. 신이 우리를 창조했는가, 우리가 신을 창조 했는가   16. 우리는 신에 대하여 얼마나 알고 있는가
17. 신은 완전한 인간을 원하는가   18. 신은 아름다울 수 있는가
19. 신이 우리와 다른 점은 무엇인가   20. 신은 우리에게 무엇을 원하는가

6

오늘 갑자기 나란 존재가 무엇인지 혼란스러운 사람에게
어느 오후 스쳐지나는 바람이 들려주는 이야기

1. 존재는 죽음과 함께 소멸하는가   2. 존재는 시간에 부자유한가
3. 존재는 우열이 있는가 - 1   4. 존재는 우열이 있는가 - 2
5. 존재는 가벼운가, 무거운가   6. 존재는 어떤 색인가
7. 존재는 그렇게 허무하게 사라지는가   8. 존재가 드러내는 것들은 유인가 무인가
9. 존재로부터의 탈출은 가능한가   10. 존재와 무는 서로 대립하는가
11. 우리는 존재의 이유를 찾아야 하는가   12. 우리는 존재에 대하여 알고 있는가
13. 존재는 무엇을 통하여 인식되는가   14. 우리는 존재를 버릴 용기가 있는가
15. 존재는 우리에게 무엇을 주는가   16. 존재는 불변인가 항변인가
17. 존재는 가능인가 불가능인가   18. 존재는 누가 창조하는가
19. 존재는 불행의 근원인가, 행복의 근원인가   20. 우리는 실제 존재의 이야기를 듣는가

7

오늘, 무엇이 옳은 것인지 흔들리는 사람에게
어느 오후 스쳐지나는 바람이 들려주는 이야기

1. 진리는 언제 우리에게 다가오는가   2. 진리는 어디에 머물고 있는가
3. 진리는 무엇으로 판단하는가   4. 진리는 왜 침묵하는가
5. 진리는 정말 유익한가   6. 진리는 어려운 것인가, 쉬운 것인가
7. 진리는 항상성을 지니는가   8. 진리는 특별한 것을 주는가
9. 진리는 어떻게 전달되는가   10. 진리에 이르지 못하게 하는 것들 - 1
11. 진리에 이르지 못하게 하는 것들 - 2   12. 진리에 이르지 못하게 하는 것들 - 3
13. 진리에 가깝게 도달한 증거는 무엇인가   14. 진리는 우리에게 어떤 도움이 되는가
15. 진리는 무거운가 가벼운가   16. 진리는 시간에 따라 불변하는가
17. 진리가 지켜주는 것은 무엇인가   18. 진리에 도달하기 위한 마지막 관문은 무엇인가
19. 진리와 존재는 무엇이 더 중요한가   20. 진리에 도달하는 방법은 무엇인가

8

오늘, 세상의 불공정함으로 슬퍼하는 사람에게
어느 오후 스쳐지나는 바람이 들려주는 이야기

1. 평등은 우리에게 이익인가 손해인가   2. 평등은 자유정신을 억압하는가
3. 평등의 대상은 어디까지인가   4. 평등한 우리는 행복한가
5. 평등은 어떻게 유지되는가   6. 평등을 바라는 자와 바라지 않는 자
7. 평등을 향한 허영심 - 1   8. 평등을 향한 허영심 - 2
9. 우리는 평등을 누구에게 양보할 수 있는가   10. 우리에게 평등을 가르치는 자가 있는가
11. 평등과 신념은 조화로운가, 상충하는가   12. 완전한 평등은 가능한가
13. 평등은 아름다운가, 평범한가   14. 평등 속에 숨다.
15. 평등은 이룰 수 없는 꿈인가   16. 평등에 도달하는 방법은 무엇인가
17. 평등은 주어지는 것인가, 투쟁하는 것인가   18. 평등으로부터의 휴식은 가능한가
19. 평등에 동정이 필요한가   20. 우리는 평등을 존중하는가 경멸하는가

9

오늘, 죽음의 두려움이 밀려오는 사람에게
어느 오후 스쳐지나는 바람이 들려주는 이야기

1. 죽음을 연극하다   2. 죽음은 언제 시작하는가
3. 죽음의 범위는 어디까지인가   4. 죽음은 두려운 것인가
5. 죽음에 이르게 하는 것   6. 죽음을 피하기 위한 방황
7. 삶과 죽음의 경계는 어디에 있는가   8. 죽음이 부를 때 무엇을 해야 하는가
9. 죽음의 실체는 무엇인가   10. 죽음을 위한 연습이 필요한가
11. 죽음의 위력 앞에 무엇을 할 수 있는가   12. 우리는 죽음을 고귀하게 맞을 수 있는가
13. 죽음의 공포는 극복 가능한가   14. 죽음에 어떤 비밀이 있는가
15. 죽음과 이성은 서로 모순인가   16. 죽음은 어떤 가치를 가지는가
17. 죽음으로 잃는 것과 얻는 것은 무엇인가   18. 죽음의 비밀에 설레는가
19. 죽음이 변화시키는 것은 무엇인가   20. 죽음은 어떻게 시작되는가

10

오늘, 견디기 힘든 하루를 보낸 사람에게
어느 오후 스쳐지나는 바람이 들려주는 이야기

1. 비극적 확신   2. 삶의 혼동과 무질서
3. 예정된 삶의 위험성   4. 우아함의 소유
5. 우아한 자들의 악취   6. 예술적 관조의 공과
7. 의지의 분열   8. 의지 분열로부터의 출구
9. 나에 대한 오류   10. 어지러움
11. 억압의 수단   12. 위장된 도덕과 절대적 도덕
13. 파괴적 지식   14. 파멸의 징후
15. 삶의 오류에의 저항   16. 창조적 힘
17. 은밀한 의도   18. 철학적 사유의 빈곤함
19. 삶의 목적   20. 사람들의 소음

11

오늘 갑자기 내가 왜 사는지 의문이 드는 사람에게
어느 오후 스쳐지나는 바람이 들려주는 이야기

1. 묵언   2. 진정한 교육자
3. 교육의 역할   4. 우리 시대의 교육자
5. 통합 세계   6. 초자연 통합 세계
7. 마취된 세계로부터 깨어남   8. 박식한 학자들의 어리석음
9. 집합적 지식의 위험성   10. 존경하는 학자, 교육자들의 맹신
11. 사람들과의 관계   12. 가장 심각한 나태함
13. 절대적 강자, 삶의 인도자   14. 자아 상실자
15. 자신의 진정한 독립과 통일자   16. 고귀한 자의 특징
17. 강자들의 고귀한 사명   18. 고귀한 자와의 만남
19. 권력에의 의지로부터의 자유   20. 미(美)의 근원

12

오늘, 새로운 나를 만들려 시도하는 사람에게
어느 오후 스쳐지나는 바람이 들려주는 이야기

1. 이상의 세계   2. 제 3의 탄생
3. 세가지 발견   4. 음악과 감성
5. 감성의 창조를 위한 조건   6. 존재 탐구의 즐거움
7. 자기 인식의 문   8. 인식 철학의 위험성
9. 철학의 초보자   10. 미학과 아름다움
11. 인도자의 사유 창조   12. 우리 시대 문학과 철학의 착각
13. 세가지 작가 의식   14. 시인의 거짓말
15. 시의 본질   16. 즐거운 본능
17. 억압된 의지적 본능의 회복과 자유인으로의 탄생   18. 우리의 철학
19. 절대적 철학의 준비   20. 즐거운 지식

13

오늘 하루 종일 편안함이 그리웠던 사람에게
어느 오후 스쳐지나는 바람이 들려주는 이야기

1. 철학자들의 비밀 노트   2. 쾌활성과 명랑성
3. 명랑함의 표식   4. 젊음의 본질
5. 새로운 가치   6. 회복력과 항상성
7. 사유 통합에의 의지   8. 소극적 자유와 적극적 자유
9. 적극적 자유에의 방해물   10. 문명의 발전과 인간의 겸손
11. 시간으로부터 자유로운 존재   12. 절대 존재의 탐구
13. 연약한 철학   14. 위대한 철학의 탄생
15. 미(美)의 본질   16. 미의 세가지 원리
17. 위대한 정신의 탄생   18. 침묵의 효용
19. 시끄러운 침묵   20. 인식의 투명성

14

오늘, 세상에 대해 숨이 막힐듯한 답답함을 느끼는 사람에게
어느 오후 스쳐지나는 바람이 들려주는 이야기

1. 시간의 작용   2. 시간의 세가지 본질
3. 시간 유한성으로부터의 탈출   4. 시간의 1차, 2차 독립: 시간의 인식론적 사유
5. 시간의 무화(無化)와 존재의 불확실성(不確實性)   6. 변화 공간의 피안(彼岸)
7. 시간사유철학(時間思惟哲學)   8. 시간과 존재의 역류(逆流)
9. 인식공간(認識空間)과 그 특성   10. 존재와 인식 공간
11. 인식 방정식   12. 통일 인식 공간
13. 사유의 범람과 새로운 질서   14. 새로운 질서로의 길
15. 억압으로부터의 자유   16. 억압적 질서의 해체를 위한 시도
17. 무질서(無秩序)의 자유정신(自由精神)을 위하여

15

오늘 아무것도 결정하지 못하고 밤을 맞은 사람에게
어느 오후 스쳐지나는 바람이 들려주는 이야기

1. 인식의 세가지 단계   2. 오인(誤認)
3. 수용적 변화와 창조적 변화   4. 반사회적 동물
5. 집단 중심적 삶의 세가지 과(過)   6. 인류 생존의 역사
7. 인식에서 행동으로   8. 비발디적 명랑함
9. 의지의 부정   10. 어리석은 현명함
11. 겸손의 문   12. 고귀한, 그리고 인간적인
13. 노예의 투쟁과 자유인의 투쟁   14. 의지의 변형과 통합
15. 자연 상태와 식물원   16. 신(神)이 사랑하는 자(者)
17. 존재(存在)의 실체(實體)   18. 참과 진리
19. 삶의 황폐함   20. 인도자를 위한 지식

16

오늘 하루 종일 다른 사람 따라 하다 지쳐버린 사람에게
어느 오후 스쳐지나는 바람이 들려주는 이야기

1. 인간의 본성   2. 실존의 본질
3. 처세술과 심리학   4. 남성적인 취향
5. 인간적인 자의 특징   6. 도덕의 파괴, 그리고 재건
7. 실존 철학과 인식 철학   8. 사유(思惟)의 세계
9. 숭고한 자를 기다리며   10. 가치의 재건 그리고 자유 정신의 회복
11. 나태함과 무지함   12. 도서관속 위인들의 허구(虛構)
13. 삶에서의 창조의 의미   14. 삶의 성찰과 창조적 의지
15. 젊음의 위장술과 무의지   16. 새로운 탄생을 위한 준비의 시간
17. 신(神)의 본성(本性)   18. 신(神)의 부활

17

오늘, 이 생각 저 생각에 잠 못 드는 사람에게
어느 오후 스쳐지나는 바람이 들려주는 이야기

1. 지식의 공과 2. 진리에의 길 3. 자연스러움과 편안함
4. 알지 못하는 것들 5. 미래의 즐거움 6. 즐거운 삶
7. 즐거운 외로움 8. 목마름과 철학 9. 사려 깊음
10. 꽃을 보며 봄을 깨닫다 11. 삶의 세가지 즐거움 12. 바로 보지 못하는 것들
13. 선택 받는 소수 14. 과거를 창조함 15. 타자(他者)의 아픔
16. 최대의 적 17. 생각을 멈추다 18. 실패의 이유
19. 즐거움의 실제적 의미 20. 철학의 모순에 대한 책임 21. 공간적 사유
22. 삶의 평온함 23. 타인의 자유 24. 멈춤 그리고 천천히 봄
25. 존재의 수레 바퀴 26. 어둠에서 벗어나는 법 27. 끊임없는 자신을 향한 탐구 그리고 진리
28. 나이 듦에 대한 고찰 29. 침묵하는 다수 30. 실존과 투쟁
31. 숭고한 삶을 향한 모험

18

오늘, 우울한 기분에서 벗어나 편안해지고 싶은 사람에게
어느 오후 스쳐지나는 바람이 들려주는 이야기

1. 초라함 2. 아름다움 3. 설렘 4. 욕망
5. 혼돈 6. 불안 7. 흔들림 8. 중압
9. 자기 모순 10. 슬픔 11. 격정 12. 순수
13. 허무 14. 상심 15. 만족 16. 불일치
17. 외로움 18. 느낌 19. 고갈 20. 변심
21. 감성 대립 22. 비겁 23. 감성 나침반 24. 휴식
25. 감성 존재 26. 무력(無力) 27. 불안의 이유 28. 망각을 위한 연습
29. 감정과 감성 30. 경멸 31. 인내 32. 불확실성
33. 희생 34. 자신답게 그리고 인간답게 35. 흐릿함 36. 조화

19

오늘, 자기 감정을 차분히 조절하고 싶은 사람에게
어느 오후 스쳐지나는 바람이 들려주는 이야기

1. 감성에서 타자(他者)의 역할 2. 감성의 지속 시간 3. 경이로움 4. 감성의 격류
5. 감성 기준 6. 감성 준비 7. 감성을 위한 연습 8. 치장
9. 감성적 시야 10. 그리움 11. 호기심 12. 호의
13. 친구 14. 시인들의 무덤 15. 감성적 설득법 16. 변명
17. 시기심 18. 우아함 19. 휴식의 유용성 20. 정신적 사기꾼
21. 변화에 대한 오류 22. 거절당한 자들의 이기심 23. 미소 24. 감성적 오류
25. 숭고함 26. 착각 27. 걱정 28. 무관심
29. 젊음이 잘 할 수 없는 것들 30. 우정 31. 변심 32. 역설
33. 함께 휴식할 수 있는 자 34. 모방 35. 고립 36. 정다움

20

오늘, 어느 젊은 날의 여름 감성을 다시 찾고 싶은 사람에게
어느 오후 스쳐지나는 바람이 들려주는 이야기

1. 조용한 휴식 2. 바람의 느낌 3. 가슴 뜀 4. 아침 노을 후에 5. 초승달의 슬기로움 6. 만듦
7. 비 오는 여름 늦은 오후 시샘 8. 돌아봄 9. 시간의 피안(彼岸)에 서서 10. 오후의 수목(樹木)과의 동화(同化)
11. 서두르지 않음 12. 작은 마음 13. 부동의 부드러움 14. 서늘한 여름 저녁 노을 같이 15. 지침
16. 작은 돌 위의 빗방울 처럼 17. 어둠 18. 어느 여름 아침의 강인함 19. 회복 20. 변화 21. 기다림
22. 어지러움 23. 비굴 24. 고독 25. 평온 26. 이중성 27. 어떤 두근거림 28. 힘듦 그리고 즐거움
29. 드러남 30. 허무 31. 충만 32. 겹침 33. 가벼움 34. 나른함 35. 상심 36. 무지 그리고 두려움 37. 혼돈
38. 따뜻함 39. 허위 40. 길을 잃은 듯한 느낌 41. 생성 42. 투명함 43. 동경(憧憬) 44. 망각 45. 서성임
46. 위로(慰勞) 47. 아득함 48. 안심(安心) 49. 시선 50. 진리 51. 그리움 52. 차가운 아름다움 53. 기억
54. 시간 느낌 55. 나를 느낌 56. 공평 57. 무색(無色) 58. 으스름함 59. 의문 60. 미덕(美德)
61. 중독 62. 비밀 63. 오인 64. 순수 65. 뜨거움 66. 경쾌함 67. 망설임 68. 한가로움 69. 무이(無異)
70. 정다운 가슴 뜀 71. 무력(無力) 72. 자유로움

21

오늘, 세상의 불공평함으로 삶에 자신이 없는 사람에게
어느 오후 스쳐지나는 바람이 들려주는 이야기

1. 평등을 위해서는 냉철한 분노가 필요하다
2. 서로 같아지면 득실도 없어진다
3. 나 혼자 자유로운 건 오히려 슬픈 일이다
4. 서로 같음에는 그럴만한 대상이 따로 있지 않다
5. 평등을 가장하면 행복도 가장한다
6. 우월함으로 허영적인 인간은 사실 가장 노예적이다
7. 누군가에 평등을 맡기느니 신에게 목숨을 맡기겠다
8. 평등을 가르칠 수 있는 자는 신만큼 가치 있는 자이다
9. 행동하지 않는 평등은 복종하는 것이다
10. 평등은 인간이 할 수 있는 가장 신적인 일이다
11. 신이 평등이 아니라 평등에의 의지만 준 것은 의도된 것이다

22

오늘, 생각대로 자유롭게 살 수 없음을 상심하는 사람에게
어느 오후 스쳐지나는 바람이 들려주는 이야기

1. 자유는 그것을 필연으로 만드는 자에게만 허락된다.
2. 자유는 가슴 뜀을 위해 불편함과 노동을 일부러 선택하는 것이다.
3. 자유는 아무것도 해주지 않지만 의지가 가미되면 마법이 시작된다.
4. 자유의 땅에 도착하기 어려운 것은 잘못된 표지판도 한몫한다.
5. 자유의 정도는 그 선택의 숫자에 비례한다.

23

오늘, 부조리와 부당함으로 세상을 원망하는 사람에게
어느 오후 스쳐지나는 바람이 들려주는 이야기

1. 정의를 위한 첫걸음은 정의로 가장한 자들을 찾아내는 것으로 시작한다.
2. 세상 모든 남을 정의롭게 하느니 세상 모든 나만 정의로워지면 된다.
3. 자기기만을 자꾸 하면 어느 날 깨어났을 때 벌레가 되어 있을 것이다.
4. 도덕은 깨어있는 정신의 공존적 행복에의 의지이다.

24

오늘, 무언가 이루지 못해 슬퍼하는 사람에게
어느 오후 스쳐지나는 바람이 들려주는 이야기

1. 국가를 위해 개인이 희생하는 나라 중 퇴락하지 않는 나라는 없다.
2. 국가의 최대 역할은 힘의 균형을 맞추는 것이다.
3. 권력은 자신이 무섭다고 생각하지만 사람들은 우습다고 생각한다.
4. 진정한 권력은 중력과 같이 아무것도 없어도 만물을 다스린다.
5. 부자는 돈이 많다는 것, 그것뿐이다.
6. 부의 작은 특권은 악마도 천사도 될 수 있다는 것이다.
7. 명예를 위해 살면 명예롭지 않다.

25

오늘 갑자기 세상이 무엇으로 이루어져 있는지 궁금한 사람에게
어느 오후 스쳐지나는 바람이 들려주는 이야기

1. 존재의 세계
1-1. 존재의 선형 세계   1-2. [반존재]의 선형 세계   1-3. 존재와 [반존재]의 선형 세계

2. 의지의 세계
2-1. 의지의 선형 세계   2-2. [반의지]의 선형 세계   2-3. 의지와 [반의지]의 선형 세계

3. 인식의 세계
3-1. 인식의 선형 세계   3-2. [반인식]의 선형 세계   3-3. 인식과 [반인식]의 선형 세계

26

오늘 갑자기 세상 일의 원리와 근원이 궁금한 사람에게
어느 오후 스쳐지나는 바람이 들려주는 이야기

1. 수평적 평면 세계
1-1. 존재와 의지의 평면 세계   1-2. 존재와 [반의지]의 평면 세계
1-3. [반존재]와 의지의 평면 세계   1-4. [반존재]와 [반의지]의 평면 세계

2. 수직적 평면 세계
2-1. 의지와 인식의 평면 세계   2-2. 의지와 [반인식]의 평면 세계
2-3. [반의지]와 인식의 평면 세계   2-4. [반의지]와 [반인식]의 평면 세계
2-5. 존재와 인식의 평면 세계   2-6. 존재와 [반인식]의 평면 세계
2-7. [반존재]와 인식의 평면 세계   2-8. [반존재]와 [반인식]의 평면 세계

27

오늘 갑자기 내가 모르는 숨겨진 다른 세상을 알고 싶은 사람에게
어느 오후 스쳐지나는 바람이 들려주는 이야기

1. 인식 세계
1-1. 존재-의지-인식 공간 세계
1-2. [반존재]-의지-인식 공간 세계
1-3. 존재-[반의지]-인식 공간 세계
1-4. [반존재]-[반의지]-인식 공간 세계

2. [반인식] 세계
2-1. 존재-의지-[반인식] 공간 세계
2-2. [반존재] 의지-[반인식] 공간 세계
2-3. 존재-[반의지]-[반인식] 공간 세계
2-4. [반존재]-[반의지]-[반인식] 공간 세계

여덟 개의 세상

28

오늘 갑자기 자신을 매력 있게 만들고 싶은 사람에게
어느 오후 스쳐지나는 바람이 들려주는 이야기

명예 / 순수함 / 매력 / 어둠 / 배움 / 진실 / 자기 만들기 / 고귀함 / 어제 / 굳건함
숭고함 / 목표 / 행동 / 창작 / 자존 / 무심 / 기만 / 과거 / 배우 / 설득
자기 세계 / 개별 진리 / 겸허 / 학자 / 교제 / 평온함 / 탁월함 / 다름 / 유연함
자기철학 / 방향(芳香) / 숙독 / 제3의 탄생 / 확고함 / 겸손 / 자기 형상화 / 독서 / 동화 / 용기
청빈 / 가난 / 견지(堅持) / 먼 꿈 / 명랑함 / 젊음 / 공평 / 자유 / 쟁취 / 가라앉힘
냉철함 / 강함 / 수용 / 호감 / 가르침 / 고독 / 타인 행복 / 죽음 / 평온함 사람을 목적함 / 무질서적 다양함

29

오늘 갑자기 무엇을 목표로 살아야 하는지 알고 싶은 사람에게
어느 오후 스쳐지나는 바람이 들려주는 이야기

휴식 / 시간 모으기 / 오류 / 단념 / 돌아보기 / 수정 / 변화 / 단순함 / 정리 / 평온함 / 기다림 / 자유 / 또 다른 탄생 / 냉철한 분노
타인을 위함 / 감동 주기 / 존중 / 길 찾기 / 나 찾기 / 나 만들기 / 바라지 않음 / 변함없음 / 물러섬 / 자기창조 / 자유 주기 / 나눔
두려워하지 않음 / 세상을 바꿈 / 여유로움 / 현명하지 않음 / 어리석음 / 무향 / 오감 / 고개 숙임 / 깊음 / 탓하지 않음
사람을 움직임 / 나를 봄 / 옅게 화장함 / 다투지 않음 / 낮은 곳에 위치함 / 불평하지 않음 / 너그러움 / 자유를 줌 / 달을 봄 / 강함
눈을 뜸 / 독립 / 멀리 봄 / 나를 바꿈 / 무아 / 개별 의지 / 소탈함 / 다르지 않음 / 동질감 / 멈추지 않음 / 선한 강자 / 행동
한가로움 / 독창성 / 감성 / 자기 통합 / 매일 아침을 얻음 / 따라 하지 않음 / 정진 / 공평 / 선구자 / 행복을 줌 / 기다림 / 인지
의지(意志) / 숭고함 / 감내 / 회귀 인식 / 구별 / 방향 / 평가 / 멈춤 / 순서 / 서두르지 않음 / 드러냄 / 판단 / 시인 / 자전거 / 믿음
신뢰 / 적은 욕심 / 너그러움 / 이행 / 겸허 / 기세 / 작은 깨우침 / 흘려 보냄 / 진실 / 편한 마음 / 득실 / 욕심 줄이기 / 진실
앎 / 걱정하지 않음 / 마음에 두지 않음 / 거절 / 외로움 / 받아들임 / 여행 / 연민 / 실체 / 예비 / 성숙 / 고귀함 / 자숙 / 시선
여정 변경 / 그만두기 / 편안함 / 모르기 / 알기 / 선택 / 거미줄 끊기 / 역설 이해 / 아님 / 오후 산책 / 따뜻함 / 긍정 / 지관(止觀)
비판하지 않음 / 탈바꿈 / 성공 / 같이 감 / 다름 / 동등감 / 실증 / 평범함 이해 / 단정(斷定)하지 않음 / 친구 / 기억 / 수레 타기
시작 / 젊음 / 이해 / 마음 두둑함 / 다시 시작

30

오늘 갑자기 자신의 지식을 깊은 지혜로 바꾸고 싶은 사람에게
어느 오후 스쳐지나는 바람이 들려주는 이야기

미소 / 꿈 찾기 / 가난한 부자 / 많은 것을 봄 / 자기 것을 봄 / 설렘 / 만족 / 감성 / 겸허 / 설득 / 자기를 키움 / 밝음
인간적임 / 돌진 / 표출 / 소년 / 강자 / 오래된 자기 / 잃지 않음 / 약자 / 해독 / 나를 믿게 함 / 안도감 / 납득 / 자기 노출
가식 / 자기 채우기 / 변심 / 자격 / 솔직함 / 나침반 / 감성 / 비웃음 / 탈출 / 감성 확장 / 자존감 / 자존감 버리기
인내심 / 오늘 / 작아짐 / 철퇴 / 자신다움 / 상심 / 호감 / 사람 지향 / 그릇 키우기 / 오래 달리기 / 아침 감성 / 평상심
오랜 경험 만들기 / 약간의 꾸밈 / 그러함 / 직시 / 멀리 가지 않음 / 반론 / 내일 / 존경 / 멋짐 / 감성 휴식 / 미로 탈출
자기 탈출 / 거절 / 자기 불평 / 수긍 / 비난하지 않음 / 원점 / 무심 / 본받음 / 빛음 / 친밀 / 변덕 / 만남 / 인연 / 인지
공정함 / 기분 전환 / 우울 치유 / 시련 / 역동성 / 숭고함 / 운명 / 평정심 / 실패 / 무소유 / 절망 / 결정 / 부동심 / 밝음
절망하지 않음 / 회복 / 지각 / 슬픔 / 굴욕 / 고독 / 즐거움 / 묵언 / 꿈 찾기 / 자기 지배 / 극치 / 허무함 / 가치 기준 / 분리
비상 / 수수함 / 무심 / 투시 / 창작 / 겨울 / 후회 / 신을 자기 편으로 함 / 방향 / 기다림 / 무색 / 균형 / 먼지 / 감내 / 재연
등반 / 희망 / 도피 / 관조 / 진실 / 존재 / 의연함 / 적절함 / 정결함 / 후각 / 기품 / 치유

31

오늘 갑자기 오랜 시간 후 내게 무엇이 남을지 궁금한 사람에게
어느 오후 스쳐지나는 바람이 들려주는 이야기

일상 / 침착함 / 매력 / 유혹 / 멋진 인정 / 내면 / 진화 / 거래 / 자질 / 방향(放香) / 무향 / 빛음 / 지성 / 깊음 / 보존 / 감내
주고받음 / 맞섬 / 무감각 / 냉철함 / 뺄셈 / 덧셈 / 나눗셈 / 곱셈 / 도전 / 현실 / 오늘 / 깨달음 / 부자유 / 자유 사용 / 권리
생각 / 채비 / 자격 / 아우름 / 식별 / 결의 / 외면 / 목적 / 유효기간 연장 / 근원 인식 / 경계 / 분노 / 징벌 / 불손 / 기개 / 공격
비범 / 자태 / 삼감 / 온화함 / 정결 / 실제 달라짐 / 행복을 배움 / 기억 / 합당함 / 기원(起源) / 구충 / 일임(一任) / 불신
분별 / 자리 낮추기 / 우울 치료 / 복원 / 손익 / 점등 / 담력 / 깨어남 / 평범 / 회복 / 자존감 / 공유 / 증여 / 부자
바라지 않음 / 자족 / 쌓기 / 명예 / 의욕 / 역할 / 자격 / 자기 발견 / 개별의지 / 독립 / 자립 / 인간다움 / 배신하지 않음
만족 / 인지 / 용기 / 선악 / 용서 / 군셈 / 염치 / 사람의 행복 / 부족 수긍 / 평상심 / 구제 / 길을 찾음 / 자기 창조 / 묶음
속도 맞춤 / 비슷함 / 발견 / 동류 / 무중력 / 조색(調色) / 선함 / 결행 / 가린 것을 거둠 / 무념 / 회귀(回歸) / 문제 / 실재
온화함 / 역진 / 진화 / 벗어남 / 대상 창조 / 자각 / 수수함 / 눈사람 / 납득 / 무익 / 개별 행복 / 무난함 / 자존 / 오만 / 책
기백 / 파괴 / 평온 / 묵언 / 나 / 탈출 / 순서 / 소설 / 사소함 / 지혜 / 자유 / 손익 계산 / 우정 / 생명 무차별 / 공평 / 정체
인간적임 / 내실 / 존경 / 어른 / 후회 / 악마의 꿈 / 더 수월함 / 자존감 / 공평 / 권리 / 동질감 / 배우고 익힘 / 냉철함
비슷함 / 가장하지 않음 / 함께함 / 선함 / 결의 / 용서 / 필연 / 타인 지향 / 점잖지 않음 / 복종 / 경작 / 부자유
행복한 목표 / 의지 / 산책 / 저항 / 탁월함 / 지성 / 목표 수정 / 인지 / 올바름 / 독립 / 거부 / 활용 / 달관 / 성공 / 교만
부자 / 궤적 / 결정 / 행복한 죽음 / 무아 / 마중 / 기억 만들기 / 몰두 / 마음 먹기 / 준비 / 둘러맴 / 마무리 / 삶

오늘, 차분한 마음을 갖고 싶은 사람에게
어느 오후 스쳐지나는 바람이 들려주는 이야기

개정판 ‖ 2022년 2월 2일
지은이 ‖ 김주호
펴낸곳 ‖ 지성과문학
전화   ‖ 031-707-0190
가격   ‖ 29,000원

ISBN   979-11-94648-13-0 (03100)

이 책은 지성과문학사의 지적 재산으로서 무단 전재와 복제를 금합니다.

오늘, 차분한 마음을 갖고 싶은 사람에게
어느 오후 스쳐지나는 바람이 들려주는 이야기

차분한 마음을 갖고 싶은 사람을 위한 책